O ESSENCIAL DE ROBERT NOZICK

CONHEÇA OUTROS LIVROS DA SÉRIE:

POLÍTICA, IDEOLOGIA E CONSPIRAÇÕES

DESCULPE-ME, SOCIALISTA

MITOS E FALÁCIAS SOBRE A AMÉRICA LATINA

A LEI

MENOS ESTADO E MAIS LIBERDADE

OS ERROS FATAIS DO SOCIALISMO

DA LIBERDADE INDIVIDUAL E ECONÔMICA

OS FUNDAMENTOS DO CAPITALISMO

LIBERDADE É PROSPERIDADE – A FILOSOFIA DE AYN RAND

O ESSENCIAL DE MILTON FRIEDMAN

O ESSENCIAL DE JOSEPH SCHUMPETER

O ESSENCIAL DE JOHN LOCKE

AEON J. SKOBLE

O ESSENCIAL DE ROBERT NOZICK

Tradução:
MATHEUS PACCINI

COPYRIGHT © 2020 BY THE FRASER INSTITUTE. ALL RIGHTS RESERVED. NO PART OF THIS BOOK MAY BE REPRODUCED IN ANY MANNER WHATSOEVER WITHOUT WRITTEN PERMISSION EXCEPT IN THE CASE OF BRIEF QUOTATIONS EMBODIED IN CRITICAL ARTICLES AND REVIEWS. THE AUTHORS OF THIS PUBLICATION HAVE WORKED INDEPENDENTLY AND OPINIONS EXPRESSED BY THEM ARE, THEREFORE, THEIR OWN, AND DO NOT NECESSARILY REFLECT THE OPINIONS OF THE FRASER INSTITUTE OR ITS SUPPORTERS, DIRECTORS, OR STAFF. THIS PUBLICATION IN NO WAY IMPLIES THAT THE FRASER INSTITUTE, ITS DIRECTORS, OR STAFF ARE IN FAVOUR OF, OR OPPOSE THE PASSAGE OF, ANY BILL; OR THAT THEY SUPPORT OR OPPOSE ANY PARTICULAR POLITICAL PARTY OR CANDIDATE.

COPYRIGHT © FARO EDITORIAL, 2021
TODOS OS DIREITOS RESERVADOS.

Nenhuma parte deste livro pode ser reproduzida sob quaisquer meios existentes sem autorização por escrito do editor.

O autor deste livro trabalhou de forma independente, e as opiniões expressas por ele são, portanto, suas próprias e não refletem necessariamente as opiniões dos adeptos, diretores ou funcionários do Instituto Fraser. Esta publicação não implica de forma alguma que o Instituto Fraser, seus diretores ou funcionários sejam a favor ou se oponham à aprovação de qualquer projeto de lei; ou que eles apoiem ou se oponham a qualquer partido ou candidato em particular.

Avis Rara é um selo da Faro Editorial.

Diretor editorial: **PEDRO ALMEIDA**
Coordenação editorial: **CARLA SACRATO**
Preparação: **HELENA COUTINHO**
Revisão: **PATRICIA CALHEIROS**
Adaptação de capa e diagramação: **CRISTIANE | SAAVEDRA EDIÇÕES**

Dados Internacionais de Catalogação na Publicação (CIP)
Angélica Ilacqua CRB-8/7057

Skoble, Aeon J.
    O essencial de Robert Nozick / Aeon J. Skoble; traduzido por Matheus Paccini. São Paulo: Faro Editorial, 2021.
    80 p.

    ISBN: 978-65-5957-067-6
    Título original: The essential Robert Nozick

    1. Ciências sociais 2. Nozick, Robert, 1938-2002 I. Título II. Paccini, Matheus

21-3339   CDD 300

Índice para catálogo sistemático:
1. Ciências sociais

1ª edição brasileira: 2021
Direitos de edição em língua portuguesa, para o Brasil, adquiridos por **FARO EDITORIAL**

Avenida Andrômeda, 885 – Sala 310
Alphaville – Barueri – SP – Brasil
CEP: 06473-000
WWW.FAROEDITORIAL.COM.BR

Sumário

7   INTRODUÇÃO

13 TEORIA DOS DIREITOS

19 O ESTADO MÍNIMO

27 TEORIA DA TITULARIDADE

33 COMO A LIBERDADE PERTURBA OS PADRÕES

39 CONCEPÇÕES LIBERAIS E SOCIALISTAS DE JUSTIÇA DISTRIBUTIVA

49 REDISTRIBUIÇÃO E O CRESCIMENTO DO ESTADO

55 UM ARCABOUÇO PARA A UTOPIA

61 SUGESTÕES DE LEITURA

63 LEITURA COMPLEMENTAR

65 VEJA TAMBÉM

67 SOBRE O AUTOR

69 AGRADECIMENTOS

71 PROPÓSITO, FINANCIAMENTO E INDEPENDÊNCIA

73 SOBRE O FRASER INSTITUTE

75 REVISÃO POR PARES – VALIDANDO A EXATIDÃO DE NOSSA PESQUISA

77 CONSELHO EDITORIAL CONSULTIVO

Introdução

Quem é Robert Nozick?

ROBERT NOZICK FOI PROFESSOR DE FILOSOFIA NA Universidade de Harvard. Embora tenha escrito a respeito de tópicos tão variados como epistemologia, livre-arbítrio, teoria da decisão e o sentido da vida, é mais famoso por sua contribuição para a filosofia política, principalmente pelo livro *Anarquia, Estado e Utopia* (1974). Publicado apenas alguns anos depois de *Uma Teoria da Justiça*, de autoria do seu colega de Harvard, John Rawls, o livro de Nozick ajudou a consolidar a filosofia política normativa na tradição analítica anglo-americana como um campo legítimo e robusto dentro da filosofia acadêmica. Além disso, ajudou a estabelecer a perspectiva liberal clássica ou libertária como uma alternativa viável ao liberalismo igualitário redistributivo e ao socialismo. Nozick não foi o primeiro ou o único filósofo a argumentar em prol dessa perspectiva, porém foi o mais famoso a fazê-lo, e na instituição mais renomada, sendo o seu livro normalmente considerado abrangente e bem fundamentado. Elogios por seu estilo claro e acessível de escrita atravessaram as fronteiras ideológicas, e ele acabou vencendo o *National Book Award* em 1975.

Nozick nasceu no Brooklyn, Nova York, em 1938, e obteve seu diploma de graduação na Universidade Columbia em 1959. Ao longo de sua graduação, foi ativo no movimento político socialista, mas, no decorrer do seu período em Columbia e na pós-graduação em Princeton, teve contato com uma variedade de perspectivas políticas, o que o fez observar, no prefácio de *Anarquia, Estado e Utopia*, que as discussões com amigos "fizeram-me levar mais a sério as ideias libertárias a ponto de querer refutá-las e, desse modo, a me aprofundar no assunto" (p. xvi)[*]. De modo geral, isso incluiria ideias como direitos individuais, a necessidade de estipular limites ao poder do

---

[*] O livro Anarchy, State, and Utopia possui uma tradução recente para o português, publicada pela editora WMF Martins Fontes (2011), sob o nome de Anarquia, Estado e Utopia. Todas as citações presentes neste livro foram retiradas dessa tradução, embora tenham sido modificadas, corrigidas e/ou atualizadas em alguns pontos. Por isso, o número de página que acompanha a citação se refere à obra original, e não à tradução.

governo, e os mecanismos de crescimento de riqueza de um sistema de livre mercado.

É improvável que aquilo que conhecemos hoje como libertarismo tivesse aparecido em um currículo padrão de Filosofia na época em que Nozick era aluno, a não ser no contexto histórico das obras de John Locke e John Stuart Mill. No entanto, as ideias libertárias estavam sendo discutidas nos departamentos de economia, e Nozick diz ter sido exposto a pensadores como Ludwig von Mises, Friedrich Hayek, Milton Friedman e Murray Rothbard, cujo liberalismo econômico dialogava com o liberalismo político. O outro lugar em que um aluno da geração de Nozick teria tido contato com o que hoje chamamos de política libertária era nas obras da romancista e filósofa Ayn Rand, embora Nozick não se considerasse um randiano. Contudo, na filosofia acadêmica, não existia nenhum representante significativo da tradição liberal clássica durante a sua época de aluno.

Mas tudo mudou com *Anarquia, Estado e Utopia*. Apesar de muitos filósofos discordarem dos argumentos de Nozick, estes não poderiam ser ignorados. Mais ou menos na mesma época das primeiras publicações de Nozick, outros filósofos libertários também surgiram, notavelmente John Hospers e Tibor Machan, porém nenhum destes teve a mesma proeminência ou influência que ele. Concorde ou não, *Anarquia, Estado e Utopia* propõe argumentos instigantes que não podem ser facilmente refutados. Uma olhada rápida nas notas e na bibliografia é bastante instrutiva: Nozick era fluente em economia e sociologia. Nomes familiares para economistas, como Coase, Alchian, Schelling e Sen, participam do diálogo criado por

Nozick. Em particular, Rothbard conduzira a economia de livre mercado ao que entendia ser a sua conclusão lógica: o anarquismo individualista libertário. Nozick cita especificamente uma discussão com Rothbard em 1968 como tendo "estimulado o meu interesse na teoria anarquista individualista" (p. xv). Todo o seu conhecimento em filosofia e ciências sociais o levou a uma série de conclusões sobre o assunto, e também à escrita de *Anarquia, Estado e Utopia*. O fato de alguém outrora ativo na política socialista migrar para um trabalho acadêmico crítico do socialismo não deveria ser nenhuma surpresa, se entendermos que filosofia não é dogmatismo. Ele perseguia as ideias onde elas o levavam e, às vezes, isso significava chegar a conclusões que estavam em discordância com aquilo em que ele acreditava.

As conclusões de Nozick não são simplesmente distintas do que ele costumava pensar, é claro; eram contrárias ao que a maioria das pessoas pensava em 1974 (e, de fato, ao que muitos pensam até hoje). É normal que os filósofos cheguem a conclusões estranhas para muitas pessoas. Isso se aplica a quase todos os filósofos conhecidos, mas, na filosofia política, existe uma dimensão adicional: enquanto boa parte das pessoas não tem opiniões firmes sobre metafísica e epistemologia, a maioria costuma ter sobre política. Nozick sabia disso, e queria evitar qualquer sugestão de que o seu livro fosse polêmico: "minha insistência em conclusões que contrariam as crenças da maioria dos leitores pode levar alguém a pensar, erroneamente, que este livro é um tipo de tratado político. Não é. Trata-se de uma exploração filosófica de questões, algumas delas fascinantes por si mesmas, que surgem e se interconectam quando refletimos sobre os direitos individuais e o Estado" (p. xii).

Nozick viria a escrever outros cinco livros, nenhum especialmente focado em filosofia política. Isso levou a especulações de que teria abandonado o libertarismo. No entanto, em entrevistas nos anos seguintes, deixou claro que ainda se considerava um libertário, e que apenas desejara explorar outras áreas da filosofia em vez de revisitar o mesmo campo. "Nunca deixei de lado [o rótulo de "libertário"]. O que eu disse em *The Examined Life* foi que não era mais o libertário *hardcore* de antes. Contudo, os rumores do meu afastamento (ou apostasia!) do libertarismo foram muito exagerados. Penso que este livro deixa claro que ainda me enquadro no contexto geral do libertarismo."* E, de fato, ele destaca no prefácio de *Anarquia, Estado e Utopia* a sua esperança de que outros façam os mesmos tipos de perguntas (p. xiv). Nozick foi diagnosticado com câncer de estômago em 1994, mas seguiu trabalhando até falecer em 2002, na idade relativamente jovem de 63 anos. O último livro de Nozick, *Invariances*, foi publicado em 2001. Ele tinha sido um Fulbright Scholar em Oxford, presidente da American Philosophical Association e um *Pellegrino University Professor* em Harvard, seu máximo título honorífico.

O que proponho neste livro faz parte da série Fraser Institute's Essential Scholars, na qual as ideias-chave de pensadores importantes na tradição liberal clássica são explicadas para o leitor comum e, principalmente, para estudantes que gostariam

---

* Entrevista com Julian Sanchez, em 26 de julho de 2001. Disponível em: <http://www.juliansanchez.com/ an-interview-with-robert-nozick-july-26-2001/>.

de saber mais sobre esses argumentos. Com tal propósito em mente, esforcei-me para explicar as ideias e argumentos mais importantes de Nozick. Minha principal expectativa é ser de alguma utilidade, mas a minha esperança secreta é que você vá em frente e pegue uma cópia de *Anarquia, Estado e Utopia*. Todas as citações remetem às páginas do livro. Sou grato pelos comentários construtivos de James Stacey Taylor e Donald Boudreaux.

Capítulo 1

Teoria dos Direitos

NOZICK COMEÇA *ANARQUIA, ESTADO E UTOPIA* AFIRmando que "os indivíduos têm direitos, e há coisas que nenhuma pessoa ou grupo pode fazer contra eles (sem violar seus direitos)" (p. ix). Críticos descuidados às vezes entendem que isso significa que Nozick simplesmente pressupõe a existência de direitos e, então, prossegue a partir daí, mas que não tem argumentos para defendê-los: estes não aparecem até o terceiro capítulo do livro, mas estão lá. Ele entende direitos como "restrições indiretas sobre o que podemos fazer" (p. 33). Se fôssemos os únicos habitantes da Terra, seríamos livres para fazer o que quiséssemos, restringidos apenas pelas leis da física. A moralidade entra em cena quando consideramos nossas interações com os outros. Por isso, a existência de outras pessoas cria limites sobre nossas ações que não são os mesmos impostos pela física. Mesmo que não existissem outras pessoas, não sou livre para negar as leis da gravidade ou da inércia, ou estar em dois lugares ao mesmo tempo. Essas também são restrições à minha ação. As restrições morais são coisas que eu *poderia* fazer, porém seria *errado*. Dizer "não posso estar em dois lugares ao mesmo tempo" e "não posso matar o Alberto" são gramaticalmente similares, mas têm significados muito distintos: eu, fisicamente, *poderia* matar alguém, mas seria errado se o fizesse. Então, direitos são um conceito moral que estabelece as condições limítrofes da ação *justificada* (em oposição às condições limítrofes da ação fisicamente possível). Os direitos de Luís são, então, condições limítrofes às ações de João.

Para Nozick, esse modelo de restrições indiretas baseia-se "no fato de nossas existências independentes" (p. 33). Na qualidade de indivíduos diferentes com suas próprias vidas, ninguém poderia naturalmente ter algum direito sobre a vida de outrem. Indivíduos não devem ser considerados como meios para os fins dos outros; eles são fins em si próprios. Por exemplo, um martelo é um instrumento que existe para ajudar as pessoas a fazerem coisas; não tem sua própria razão independente de existir além de servir a essa função. Não existe para seus próprios fins. No entanto, as pessoas existem — são fins em si mesmas, não meios para os fins dos outros. "Indivíduos são invioláveis" porque cada um deles é uma pessoa com sua própria vida. Então, é o fato de que "existem indivíduos diferentes com vidas independentes" que produz a restrição indireta de que ninguém tem o direito de usar o outro como um instrumento. Usar uma pessoa como meio para os fins de outra "não respeita suficientemente ou leva em conta o fato de que ela é uma pessoa separada, e que essa é a única vida que ela tem". Então, os direitos de uma pessoa são apenas o inverso das restrições das outras: que João é moralmente compelido a respeitar a pessoa de Luís e, portanto, não pode agir sobre ele sem o seu consentimento, implica que Luís tem o direito de não ser usado dessa forma. Como Nozick considera os direitos como condições limítrofes sobre o tratamento possível dos outros, ele argumenta que negar essa concepção de direitos significaria rejeitar toda a moralidade — ninguém tem qualquer tipo de restrições sobre como pode tratar os outros — ou rejeitar a ideia da realidade da singularidade de cada pessoa.

O utilitarismo é uma escola de pensamento que tenderia a rejeitar essa concepção de direitos, pois entende que o moralmente importante é a utilidade total agregada (entendida como prazer ou felicidade). Para os utilitaristas, não existem restrições sobre o tratamento permissível aos outros *per se*, porém a bondade total atingida deve compensar o mal. De acordo com essa teoria, não faria sentido falar da inviolabilidade das pessoas, já que podemos facilmente conceber situações em que sacrificar uma pessoa beneficiaria muitas outras. Portanto, Nozick responde de maneira direta ao utilitarismo, afirmando que gera resultados completamente contraintuitivos. Como o utilitarismo calcula a utilidade de forma subjetiva, podemos imaginar um "monstro de utilidade" que "obtém ganhos imensamente maiores em utilidade de qualquer sacrifício dos demais do que estes perdem" (p. 41). Isso tornaria moralmente necessário sacrificar todas as pessoas ao monstro a fim de maximizar a utilidade total. Além disso, ignorar nossas intuições a respeito da dignidade humana de todas as pessoas tornaria a teoria autodestrutiva; implausível no mínimo, se não internamente inconsistente.

Nozick adiciona que tampouco funcionará pensar em termos de quantidades agregadas de respeito pelas pessoas, de modo que respeitamos os direitos de algum grande grupo à custa de não tratar outro grupo de pessoas como invioláveis. Em vez disso, cada indivíduo deve ser considerado como um fim e não como um meio, e ninguém deveria ser usado como um instrumento para os propósitos dos outros. Ele dá o exemplo de violar os direitos de um inocente para evitar uma revolta que em si geraria muitas violações de direitos. Argumenta que isso é interpretar mal o ponto das restrições indiretas. Não é como se descobríssemos os direitos dos outros enquanto avaliamos estados finais em que os direitos de alguns são priorizados à custa dos direitos de outros; em lugar disso, os direitos dos outros *determinam* como você pode tratá-los. De outra forma, não são restrições morais indiretas.

Em última instância, Nozick argumenta que podemos basear a inviolabilidade das pessoas na capacidade humana de autodireção. "Modelar a vida de acordo com algum plano global é a maneira de uma pessoa dar significado à vida; só um ser com capacidade para modelar assim sua vida pode ter, ou esforçar-se para ter, uma vida dotada de significação" (p. 50). Então, é a nossa capacidade de formular planos de vida e agir sobre eles que as restrições indiretas morais protegem. É por isso que reconhecer a realidade das outras pessoas implica a inadmissibilidade de usá-las como meio para os fins de outras. No mínimo, deveríamos entender isso como uma implicação da *nossa própria* inviolabilidade, e é necessário apenas um pouco de maturidade para ver por que isso deve ser estendido aos outros.

Então, o argumento proposto na primeira página do prefácio de *Anarquia, Estado e Utopia* não é desprovido de fundamento: as pessoas têm direitos no que diz respeito à sua condição como seres humanos individuais distintos, com capacidade de autodireção, e isso significa que algumas coisas que uma pessoa pode fazer a outra estariam violando esses direitos, os quais, embora fisicamente possíveis, são moralmente inadmissíveis. A conexão entre "direitos" como um conceito moral e "direitos" como um conceito político é encontrada na observação de Nozick de que grupos de pessoas não podem estar moralmente justificados a fazer algo que as pessoas que formam o grupo não estejam justificadas a fazê-lo. Ou seja, se Luís não está moralmente justificado a violar os direitos de João, então o grande grupo do qual Luís é membro (ou líder) também não está moralmente justificado a violar os direitos de João. Embora seja verdade que um indivíduo possa sacrificar algo em prol de seu próprio bem maior (digamos, faltar a uma festa para estudar para uma prova importante), "não há *entidade social* com um bem que suporte algum sacrifício para seu próprio bem. Há apenas pessoas individuais, pessoas diferentes, com suas vidas individuais próprias. Usar uma dessas pessoas em benefício das outras implica usá-la e beneficiar os demais" (pp. 32-33). Indivíduos agindo em conjunto não podem ter justificativas para fazer algo que não poderiam moralmente fazer por conta própria. Então, os direitos que as pessoas têm como restrições morais indiretas contra a predação de outras acabarão sendo os direitos que delineiam o escopo apropriado do governo.

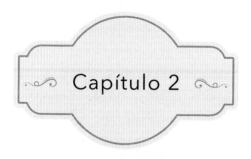

O Estado mínimo

UMA TEORIA DE DIREITOS ROBUSTA COMO A PROPOSTA por Nozick representa um desafio significativo à filosofia política. Se os direitos das pessoas não podem ser ignorados, então, a maioria das formas de governo que conhecemos não tem legitimidade moral. Isso poderia implicar a exigência moral de anarquismo. Embora algumas pessoas vejam nisso uma conclusão tão obviamente equivocada a ponto de não merecer resposta, Nozick pensa ser importante levá-la a sério. Por natureza, "o Estado" parece violar direitos: governantes de vários matizes estabelecem leis e forçam as pessoas a cumpri-las sob pena de multas, prisão ou morte. Algumas leis podem mapear as predisposições de algumas pessoas, mas a coerção é inegável. Por exemplo, talvez eu ache prudente usar o cinto de segurança ao dirigir, e faria isso mesmo se não existissem leis me obrigando, mas, de fato, *existem* leis que obrigam tal prática, o que significa que a coerção está sendo aplicada mesmo se as *minhas* escolhas não forem, neste caso, coagidas. Eu não poderia mudar a minha opinião, e outros que pensam diferente de mim já são coagidos. Além disso, as operações do Estado são financiadas coercitivamente, por meio da tributação. Como isso também é coercitivo, os anarquistas individualistas levantam uma questão que não podemos ignorar: o Estado é coercitivo por natureza, e isso é moralmente problemático para qualquer pessoa que leve a questão dos direitos a sério. Portanto, Nozick considera que cabe a si explicar como algum tipo de Estado poderia ser possível sem violar os direitos das pessoas.

Uma das razões mais comuns dadas para a existência do governo é que, mesmo se tivermos direitos, pode ser difícil protegê-los de predadores e, portanto, é de nosso interesse ter algum tipo de agência que reforce reivindicações de direitos e tanto combata quanto puna violadores. (O mesmo argumento pode soar familiar aos que conhecem a obra do filósofo do século XVII, John Locke, e Nozick refere-se explicitamente a essa abordagem.) Na maioria das sociedades, essa é a justificativa para tribunais e departamentos de polícia. Contudo, observa Nozick, existem muitas coisas que teríamos dificuldade para fazer e, portanto, transferimos essas atividades para outros. A maioria das pessoas teria dificuldade para adquirir e pilotar aviões, então, em vez disso, buscamos companhias aéreas para operá-los, comprando apenas a passagem. Desse modo, proteger e fazer valer os direitos também pode ser entendido como um serviço oferecido por uma agência externa. Nozick diz que temos o direito de defender nossos próprios direitos, sendo moralmente permissível pedir e receber ajuda para tal, e isso significa que "grupos de indivíduos podem assim formar associações de proteção mútua: todos responderão ao chamado de qualquer membro para sua defesa ou para fazer valer o respeito a seus direitos" (p. 12). Porém, essa é uma opção muito ineficiente — por um lado, não fica claro quando alguém deve estar "pronto" para prestar assistência; por outro, fica ainda menos claro de qual lado Luís deveria estar se a disputa for entre os seus amigos João e Pedro. Logo, Nozick entende que o mais provável é que surjam *agências* de proteção. De fato, a teoria anarquista diz exatamente isso: as pessoas são livres para subcontratar diversas agências para proteger seus direitos. Se concluírem que o arranjo é insatisfatório, trocam de agência, assim como trocariam de seguradora.

A preocupação do anarquista é que "o Estado" representa uma agência de proteção monopolística, mantida pela força coercitiva do governo. Isso significa que, se constatar falhas na proteção de seus direitos, ou considerar que ela é muito cara, ou que a agência protetiva é, em si, uma violadora de seus direitos, você não tem escapatória. Frente a isso, as concepções anarquistas normalmente propõem serviços legais não monopolísticos (ou "policêntricos"), ou seja, nenhum Estado. Embora Nozick tente refutar a ideia, é importante dizer que ele vê nisso um problema sério para quem se importa com direitos, e não algo a ser descartado de antemão. Ele diz: "O Estado 'guarda-noturno' da teoria liberal clássica, limitado às funções de proteger todos os seus cidadãos contra a violência, o roubo e a fraude, e empenhado em fazer com que os contratos sejam cumpridos etc., parece ser redistributivo" (p. 26). Em outras palavras, se tivéssemos um Estado mínimo, genuinamente limitado à proteção de direitos, ele ainda assim violaria direitos por ser coercitivamente financiado. Então, sobram duas opções: ver as coisas como sendo dessa forma, adotando o anarquismo, ou mostrar que não são assim. Nozick adota a segunda opção.

Para responder a essa questão, e mostrar que um Estado mínimo poderia ser legítimo, Nozick pede que imaginemos uma solução intermediária que ele rotula de "Estado ultramínimo", responsável por manter um monopólio do uso da força, mas que oferece o serviço apenas àqueles que pagam por ele. Pessoas que não pagam não recebem o serviço. A única diferença entre esse Estado ultramínimo e o Estado mínimo é que o segundo cobre todo mundo e financia o trabalho adicional com um tipo de redistribuição: mesmo aqueles que não pagam obtêm cobertura por cortesia daqueles que pagam. Se essa redistribuição é legítima, por que não seria legítima para outros propósitos? Parece minar-se a si mesma, transformando a inviolabilidade dos direitos em um símbolo vazio. Então, diz Nozick, isso significa que precisaríamos mostrar como uma única agência de proteção monopolística que fornece cobertura total poderia surgir *sem* violar direitos.

Seguindo a lógica anarquista, Nozick parte da ideia de agências de proteção concorrentes. No entanto, ele argumenta que essas firmas evoluiriam para uma série de fusões, resultando em apenas uma, ou, pelo menos, uma em cada área geográfica. Se as firmas concorrentes sempre estivessem de acordo, provavelmente se fundiriam por motivos de eficiência; se brigassem muito, uma delas emergiria como dominante ou então elas se fundiriam para evitar conflitos custosos. "Da anarquia, pressionado por agrupamentos espontâneos, associações de proteção mútua, divisão do trabalho, pressões de mercado, economias de escala, e autointeresse racional surge algo muito semelhante a um Estado mínimo ou a um grupo de estados mínimos geograficamente distintos" (pp. 16-17). Como a adesão às agências de proteção (concorrentes) seria voluntária, fusões entre elas não constituiriam violações de direitos. Assim, conforme Nozick argumenta, podemos imaginar um processo pelo qual um fornecedor monopolista de serviços de proteção de direitos poderia emergir de forma não coercitiva.

Essa "agência de proteção dominante" se parece cada dia mais com um "Estado". Mas Nozick pensa que, para ilustrar isso, devemos examinar algumas condições adicionais. "Para obter algo que seja reconhecido como um Estado, devemos mostrar (1) como um Estado ultramínimo origina-se de um sistema de associações privadas de proteção; e (2) como o Estado ultramínimo é transformado no Estado mínimo [de uma forma que estende a proteção para todos]... [e] que essas transições em (1) e (2), *cada uma delas*, são moralmente legítimas" (p. 52).

Um obstáculo crucial que Nozick precisa superar para afastar a objeção anarquista é a necessidade de que a agência de proteção dominante proíba outras agências. Proibir a entrada de outras agências no mercado não viola direitos? Outro obstáculo seria o desafio de mostrar por que o redistributivismo do Estado mínimo em si não violaria direitos. Seu argumento aqui é que permitir que pessoas que não pagam a agência dominante façam justiça com as próprias mãos impõe riscos enormes sobre outras pessoas na área, em termos de conflito aberto ou apenas a ameaça de suas consequências.

Logo, impedir isso é moralmente necessário, embora, Nozick acrescenta, também exija compensação. A agência de proteção dominante proíbe indivíduos de buscarem outros meios para proteger seus direitos, mas os compensa por isso. Como ele afirma, "a associação de proteção dominante com o elemento monopolista está moralmente obrigada a compensar pelas desvantagens que impõe àqueles que proíbe de atividades em causa própria contra seus clientes" (p. 119). (Nozick nota que poderiam não fazer isso — sua posição é a de que é possível que o façam e que, assim, estaria garantido o seu contraponto no sentido de que o Estado mínimo poderia surgir sem violar os direitos de ninguém.)

O princípio da compensação que prega aqui não é igual à justiça — o autor busca descartar casos em que eu o obrigo a aceitar um benefício pelo qual você não pediu e, depois, exijo que você pague por ele. Nozick ilustra isso com o exemplo do sistema de entretenimento da vizinhança (pp. 93-94). Algumas pessoas em sua vizinhança decidem prover atividades de entretenimento. Você não está envolvido nessa decisão, embora frequentemente se aproveite da existência dela. Certo dia, você é avisado que é a sua vez de assumir a atividade. Nozick afirma que você não é, de fato, obrigado a participar. No entanto, o princípio da compensação funciona de forma diferente: "quando se proíbe alguém de realizar uma ação porque ela poderia prejudicar outras pessoas e é especialmente perigosa quando ele a executa, aqueles que a proíbem, para se sentirem mais seguros, têm de compensar a pessoa que sofre a proibição pela situação de desvantagem em que a colocam" (p. 81). A possibilidade de conflito aberto está por trás dessa categoria especial de proibição, mas carrega consigo a exigência de compensação. Nozick conclui essa seção notando que a teoria da compensação que propõe está em um "Estado incerto", mas isso é suficiente para manter o seu argumento de pé. De qualquer forma, o autor argumenta que é improvável que uma grande porcentagem de pessoas resista, dado que o nível de serviço fornecido por compensação será menos substancial do que o oferecido para os pagantes: "a agência protege esses independentes que indeniza apenas contra seus próprios clientes pagantes, contra os quais eles estão proibidos de impor direitos em causa própria. Quanto mais aproveitadores houver, mais desejável será ser um cliente sempre protegido pela agência. Este fator [...] atua para reduzir o número de aproveitadores e levar o equilíbrio para a participação quase total" (p. 113).

Assim, Nozick conclui ter mostrado que a agência de proteção dominante pode surgir sem violar direitos, e que se transforma num Estado mínimo sem violar direitos, sendo, portanto, moralmente legítima de uma forma que responde aos argumentos dos anarquistas individualistas. Refere-se a isso como uma "explicação da mão invisível", fazendo alusão ao filósofo do séc. XVIII, Adam Smith, pois descreve como algo pode surgir sem ter sido planejado por ninguém. Ao contrário de um rei conquistador buscando desbravar novos territórios, o Estado mínimo descrito por Nozick surge sem ter sido projetado e buscado.

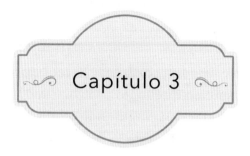

Capítulo 3

Teoria da titularidade

TENDO DEMONSTRADO NA PARTE I DE SEU LIVRO QUE O Estado mínimo *pode* ser justificado, Nozick assumiu a tarefa, na Parte II, de mostrar que o Estado mínimo "é mais do que justificado. Qualquer Estado mais amplo viola os direitos das pessoas" (p. 149). Em primeiro lugar, dá atenção para poderes estatais mais amplos, os quais são baseados em um conceito de justiça distributiva. E faz isso por meio de sua "teoria da titularidade", que cria as bases para a aplicação de sua teoria de direitos a várias outras questões na economia política.

Nesse sentido, Nozick afirma que a expressão "justiça distributiva" é imprecisa, pois pressupõe a existência de uma quantidade particular de coisas a serem distribuídas, assim como o fato de que algum distribuidor está fazendo algo errado que precisa ser corrigido pelo Estado. Contudo, ele diz: "não estamos na posição de crianças que receberam fatias de torta de uma pessoa que, agora, faz ajustes de última hora para corrigir os erros cometidos ao cortar a torta de maneira descuidada. Não existe nenhuma distribuição central, não há pessoa ou grupo que tenha o direito de controlar todos os recursos, chegando a uma decisão conjunta de como eles devem ser distribuídos" (p. 149). De fato, o marxismo poderia ser um contraponto a essa última declaração, mas Nozick trata do marxismo mais adiante no livro. Contudo, com certeza, em sociedades moderadamente mais liberais, o ponto é válido, pois "pessoas distintas controlam recursos distintos, e novas posses surgem das trocas e ações voluntárias delas" (p. 150). Preços de mercado para bens e trabalho podem emergir sem a existência de um planejador central. Nozick argumenta que, em vez de se referir a "distribuições", seria mais neutro referir-se às "posses" das pessoas e, então, apresentar uma teoria de justiça com base nelas.

Nozick aborda a sua teoria da titularidade em três partes. A primeira considera a aquisição original dos bens; a segunda, a transferência de posses de uma pessoa para outra; e a terceira, a retificação da injustiça nas posses. Analisaremos cada uma delas, mas, de modo geral, o autor argumenta que "os bens de uma pessoa são legítimos se ela tem direito a eles por meio dos princípios de justiça na aquisição e na transferência, ou pelo princípio de retificação da injustiça (de acordo com a especificação dos dois primeiros princípios). Se os bens de cada um forem legítimos, então, o conjunto total (distribuição) de bens será legítimo" (p. 153). É fácil ver por que necessitamos de todas as partes: parece razoável dizer que, se Luís dá algo livremente a João, este passa a ser o titular daquela coisa, mas a história não acaba por aí. Por exemplo, se Luís rouba o carro de Pedro e presenteia-o a João, não diríamos que João tem direito ao carro. Logo, Luís tem que ter direito ao carro primeiro, antes que possa (legitimamente) dar o veículo para João. No entanto, se Luís *tem* esse direito, a posse de João é, assim, legítima.

A diferença importante que Nozick busca destacar entre sua teoria de titularidade e as principais teorias de justiça distributiva é que elas (veja capítulo 5) analisam o atual corte temporal ou aplicam um princípio estrutural como o utilitarismo e, portanto, são não históricas, ao passo que a sua teoria da titularidade é histórica. Nozick chama as teorias não históricas de "princípios baseados no resultado final". Ele faz essa distinção porque analisar o resultado final das coisas ou, com efeito, qualquer corte temporal intermediário, pode não nos dizer tudo o que precisamos saber sobre justiça. Por exemplo, digamos que você vê as sacolas de duas crianças no Halloween, e percebe que Carla tem três barras de chocolate com amendoim, enquanto Joana tem 27 balas, mais um biscoito de chocolate. Você poderia pensar que essa é uma distribuição injusta: como pode ser justo que Joana tenha muito mais balas que Carla? Este é um cenário, claro: Joana pode ter roubado parte dos doces de Carla. Mas outra possibilidade é que Carla adora chocolate com amendoim e trocou todas as suas balas para obter mais barras desse chocolate. Se foi isso que ocorreu, Nozick diria que as posses são justas. Ambas as crianças tinham direitos às suas posses antes da troca. Então, fizeram trocas de acordo com suas (diferentes) preferências e, portanto, têm direitos às suas posses após a troca. Nozick favorece princípios históricos porque "circunstâncias ou ações passadas podem criar direitos diferentes ou merecimentos distintos às coisas" (p. 155). Se adotamos um princípio não histórico ou baseado no resultado final, tal como "todas as crianças deveriam ter quantidades iguais de doces", perderíamos informação sobre como o resultado final surgiu, o que seria relevante para avaliarmos a sua justiça.

Em particular, Nozick distingue a sua teoria da titularidade dos princípios de distribuição, que chama de "padronizados" (p. 156). Esses são princípios sob a forma de "distribuição de acordo com..." — a necessidade, o esforço, a contribuição ou o que você quiser que seja. Distribuições padronizadas declaram um resultado final justo quando ele foi produzido pelo padrão. Pode ser mais fácil entender o que o autor quer dizer com um exemplo bobo: digamos que os recursos deveriam ser distribuídos por altura. Então, se víssemos, de forma uniforme, que, quanto mais alto alguém fosse, mais rico seria, essa seria uma distribuição "justa", porque é o padrão que adotamos. Menos bobo, talvez, seja o pedido de que toda a riqueza fosse distribuída igualmente. Esse, também, seria um padrão: na medida em que todo mundo é igualmente rico (ou igualmente pobre), a distribuição é justa. Em ambos os casos, Nozick diria que não sabemos tudo o que precisamos para afirmar que as distribuições são justas. Seu ponto é o de que as pessoas têm direitos a quaisquer posses que surgem da aplicação correta da teoria da titularidade. Em geral, alguém poderia ter direito a algo sem "merecê-lo", com base numa teoria padronizada. Por exemplo, se uma pessoa na sua frente em uma fila decide gentilmente "pagar adiantado" e bancar a sua refeição, você tem direito àquela refeição, embora seria estranho sugerir que você *merece* receber uma refeição de graça.

O aspecto-chave da teoria da titularidade é que coloca o *processo* na frente do *resultado*, mantendo a defesa de Nozick dos direitos contra o utilitarismo apresentado anteriormente no livro. Os direitos que as pessoas têm impedem certos processos — ser morto, roubado, escravizado — e a forma de adquirir posses justas é participar em determinados processos — transferências justas e retificações justas. Assim, as posses não surgem porque se encaixam em um padrão preconcebido, mas porque são resultado do engajamento das pessoas em processos justos. Não é bastante notar que adquiri cinco barras de ouro — importa se elas me foram dadas em uma troca em vez de eu tê-las roubado. Para se engajar em processos justos que produzem transferências e, portanto, novas posses, devemos observar os exercícios dos direitos que Nozick descreveu antes. Isso nos leva imediatamente a um dos argumentos mais influentes de Nozick, o qual trataremos no próximo capítulo.

Capítulo 4

Como a liberdade perturba os padrões

NO DECORRER DO DESENVOLVIMENTO DA SUA TEORIA DA titularidade, Nozick tinha argumentado que posses não surgem por se encaixarem em um padrão preconcebido, mas por serem o resultado do engajamento de pessoas em processos justos. Logo depois, ele utiliza um experimento mental inteligente e muito famoso hoje para demonstrar por que concepções padronizadas de justiça distributiva e de resultado final são necessariamente incompatíveis com a liberdade individual. Essa incompatibilidade acaba por revelar uma incoerência interna das teorias padronizadas. O experimento mental envolve Wilt Chamberlain, um jogador profissional de basquete que, na época da publicação do livro, era muito conhecido pelo público. Enquanto faço um resumo do argumento (pp. 160-164), sinta-se à vontade para substituir mentalmente esse nome pelo de qualquer atleta profissional renomado dos dias de hoje.

Nozick convida o leitor a imaginar que vivemos em uma sociedade na qual uma concepção idealizada de justiça distributiva foi perfeitamente realizada. Pode haver uma distribuição perfeitamente igualitária, ou outro tipo de distribuição ponderada por qualquer princípio que você prefira — aquele que você considerar o mais justo. Vamos chamá-lo de distribuição de recursos materiais D_1. Então, de acordo com a sua concepção, todos os indivíduos na sociedade têm direito aos próprios recursos, porque eles os obtiveram por meio do padrão de justiça distributiva considerado o mais justo. Então, Nozick diz: "suponhamos agora que Wilt Chamberlain seja bastante disputado pelas equipes de basquete, sendo uma grande atração [...] Ele assina o seguinte contrato com uma equipe: em toda partida disputada em casa, 25 centavos do preço de cada entrada ficam com ele [...] Com o início da temporada, o público comparece em peso aos jogos do time [...] As pessoas estão ansiosas para vê-lo jogar; consideram que o preço total do ingresso vale a pena" (p. 161). Paro aqui para destacar que ninguém compra uma entrada caso não acredite que vale os 25 centavos extras; de fato, é possível que existam mais pessoas interessadas nessas partidas que a própria capacidade do ginásio. "Suponhamos", continua Nozick, "que durante uma temporada, um milhão de pessoas compareça às partidas em casa da equipe, com Wilt Chamberlain arrecadando 250 mil dólares, uma soma muito acima da média e muito maior do que qualquer um já conseguiu" (p. 161). Como vemos, temos agora uma distribuição diferente de recursos materiais, chamada de D_2. A questão que isso gera, diz Nozick, é a seguinte: como D_1 e D_2 são diferentes, Wilt Chamberlain teria direito a essa nova renda? A distribuição D_2 é injusta? Se sim, por quê? "Não há *nenhuma* dúvida acerca do direito de cada pessoa de controlar os recursos que possuía em D_1; porque essa era a distribuição (a sua preferida) que (para os propósitos do experimento) admitimos ser aceitável. Cada uma dessas pessoas *escolheu* dar 25 centavos do seu dinheiro para Chamberlain." Lembre que o experimento parte da realização perfeita do padrão distributivo que o leitor pensa ser justo, ou seja, as pessoas podem gastar dinheiro como preferirem — sushi, gibis, viagens —, mas esse milhão de pessoas escolheu dá-lo a Wilt Chamberlain. Então, Nozick conclui: "se D_1 era uma distribuição justa, e as pessoas passaram voluntariamente dela para D_2... D_2 também não seria uma distribuição justa?" (p. 161). Ele destaca que pessoas que não gostam de basquete mantiveram a mesma renda que antes, não sendo negativamente afetadas por isso. Mas, é claro, aquelas que pagaram tampouco foram negativamente afetadas, mesmo tendo 25 centavos a menos no bolso, pois receberam isto em troca da experiência de assistir ao seu jogador favorito, que é o que desejavam.

O subtítulo que Nozick usa para essa seção é "Como a liberdade perturba os padrões". Nela, argumenta que, se tivéssemos alguma objeção em relação à D_2, teríamos que proibir as pessoas de utilizarem seus recursos das formas que preferissem: "nenhum princípio baseado no resultado final ou na justiça padronizada de distribuição pode ser aplicado de maneira ininterrupta sem interferir continuamente na vida das pessoas" (p. 163). Essa não é meramente uma demonstração da incompatibilidade dos princípios de justiça distributiva padronizados por meio da liberdade individual. Quanto a isso, o defensor poderia responder dizendo que a liberdade individual deveria ficar em segundo plano. Mas Nozick quer dizer algo mais forte — que as distribuições padronizadas são logicamente inconsistentes. Sob a distribuição D_1, a afirmação era a de que todos tinham direito, de forma justa, à sua parte. O que isso pode significar senão o fato de que podem dispor de suas partes como preferirem? Se não podem dispor de seus recursos então, seria como se, na verdade, não tivessem direito a eles.

Nozick ajusta o experimento supondo que vivêssemos em uma sociedade socialista totalmente concretizada, em que todos têm suas necessidades satisfeitas e, ao mesmo tempo, cumprem com a sua cota de trabalho. Wilt Chamberlain (ou outros desportistas) não poderiam fazer horas extras para obter recursos adicionais? Nozick observa que as pessoas normalmente desejam coisas que vão além de suas necessidades. Como exemplo, ele diz gostar de fazer notas nos livros que lê, e que adoraria ter acesso à biblioteca de Harvard, mas obviamente não pode escrever em tais livros, e tampouco espera que alguma sociedade lhe conceda todos os livros dessa biblioteca. Então, uma das coisas em que ele escolhe gastar o seu dinheiro são cópias particulares de livros. De modo geral, assim, "ou as pessoas têm de viver sem algumas das coisas que mais desejam, ou têm de receber permissão para fazer algo extra para obter algumas delas. Com base em que poderiam as desigualdades resultantes serem proibidas?" (p. 162). Os diferentes interesses e talentos das pessoas inevitavelmente perturbam os padrões, a menos que elas sejam fisicamente proibidas de realizarem essas transações. Ele compara isso "ao modo pelo qual, ao refletir e transmitir por meio dos preços um grande volume de informação dispersa, o mercado tem um comportamento neutro diante dos desejos das pessoas e coordena suas atividades" (pp. 163-164). Se as pessoas são livres para agirem de acordo com a própria preferência, os modelos de justiça distributiva padronizados ou de resultado final são insustentáveis.

Concepções liberais e socialistas de justiça distributiva

A CRÍTICA GERAL DE NOZICK ÀS TEORIAS PADRONIZADAS de justiça distributiva acaba por levá-lo a analisar de forma mais específica uma das mais influentes e reconhecidas delas, popularizada na obra *Uma Teoria da Justiça* (1971), de John Rawls, que seria o argumento hoje canônico em prol da liberdade econômica mitigada e da redistribuição. Nozick começa elogiando o livro, o qual chama de "uma poderosa obra sobre filosofia política e moral, profunda, perspicaz, abrangente e sistemática, possivelmente sem paralelo desde os escritos de John Stuart Mill" (p. 183). Além disso, destaca sua influência, já enorme em 1974 quando *Anarquia, Estado e Utopia* fora publicado, e ainda maior hoje: "os filósofos políticos são obrigados a trabalhar dentro dos limites da teoria de Rawls ou, então, explicar por que não o fazem" (p. 183). Esse elogio não parece apenas um gesto formal de polidez em relação a um colega, mas, em vez disso, um sinal de admiração genuína. Não obstante, Nozick segue, explicando por que rejeita a estrutura rawlsiana.

Rawls argumentava que a melhor forma de descobrir os princípios da justiça é imaginar agentes racionais tomando decisões por trás de um "véu de ignorância", ou seja, que nenhum deles soubesse qual seria seu status social, riqueza, inteligência etc. Princípios escolhidos sob essas condições serão justos. Pessoas que já cortaram um pedaço de bolo entenderão a analogia: o método "eu corto, você escolhe" garante uma distribuição justa do bolo, porque, mesmo supondo que eu deseje a maior fatia possível, não sei qual pedaço irei receber. Como não sei qual será o tamanho do meu pedaço, a única forma de maximizar minha fatia de bolo seria dividi-lo da forma mais equânime possível. De forma similar, se você não soubesse se seria escravo ou senhor, seria irracional optar por uma sociedade escravocrata. Na verdade, se eu quisesse maximizar meu "nível" de liberdade, sem conhecer meu status na sociedade, minha melhor escolha seria por uma sociedade em que todos têm direitos iguais. E, de fato, esse é o primeiro princípio de justiça de Rawls.

No entanto, o véu de ignorância não nos leva à conclusão de que toda riqueza material deve ser igualmente distribuída. As pessoas respondem a incentivos e, portanto, a possibilidade de adquirir maior riqueza pode levar a uma maior produtividade e a um investimento na educação e no treinamento de um indivíduo. Parte das ocupações requerem habilidades mais especializadas; algumas são perigosas, outras, desagradáveis; todas elas podem exigir compensação diferenciada. E, como vimos no capítulo anterior, a preferência de um grande número de pessoas pode convergir para um indivíduo em particular. Por exemplo, um romancista *best-seller* poderia receber um dólar por livro em *royalties*, mas, se o livro vender um milhão de cópias, sua renda excederá a de muitos profissionais. Contudo, argumenta Rawls, as desigualdades materiais na sociedade têm de ser parte de um sistema que opera para o benefício de todos. Partindo de um véu de ignorância, pessoas racionais refletindo sobre o funcionamento da desigualdade fariam o possível para escolher um sistema em que o pior subconjunto tivesse as mesmas condições. Então, o segundo princípio de justiça de Rawls é o de que as desigualdades materiais devem ser arranjadas de modo que possam favorecer os desfavorecidos, assim como quaisquer desigualdades resultantes disso precisam estar vinculadas a oportunidades disponíveis a todos.

Portanto, o modelo de Rawls produz uma sociedade com direitos civis e oportunidades iguais, e uma versão moderada de capitalismo com tributação redistributiva e outros programas assistencialistas financiados por impostos. Uma razão pela qual Nozick rejeita esse modelo é a de que os dois princípios de justiça parecem ser mutuamente inconsistentes. Se, como prega o primeiro princípio, todos devem ter direitos básicos iguais, usar a tributação para a redistribuição, como prega o segundo, violaria os direitos. Um argumento que Nozick emprega para demonstrar isso é o de que "a tributação da renda gerada pelo trabalho equivale ao trabalho forçado" (p. 169). Assim, ele não concorda com a versão popular de que tributação *é* trabalho forçado, apenas diz que é *moralmente equivalente* ao trabalho forçado. Observa que "apropriar-se do pagamento de *n* horas de trabalho é como apropriar-se de *n* horas da pessoa; é como obrigar a pessoa a trabalhar *n* horas em prol dos objetivos de outrem" (p. 169). Parece ser diferente apropriar-se do salário de cinco horas de trabalho do que forçar alguém a trabalhar cinco horas, porém isso é uma ilusão. Nozick pede que imaginemos uma pessoa que faz hora extra a fim de comprar mais bens, e outra que escolhe não fazer hora extra porque prefere ter tempo livre, e questiona: "se fosse ilegítimo que um sistema tributário confiscasse parte do lazer de alguém (trabalho forçado) com o objetivo de atender aos necessitados, como pode ser legítimo que um sistema tributário confisque parte dos bens de alguém com esse objetivo?" (p. 170). De modo geral, a apropriação não consensual sugere que, na verdade, os direitos de propriedade das pessoas não são igualmente protegidos.

Rawls poderia responder que é por isso que ordena assim os seus princípios de justiça: primeiro, a igualdade de direitos civis; segundo, o rearranjo das desigualdades de riqueza em benefício dos menos favorecidos. O consequente enfraquecimento dos direitos de propriedade é, portanto, consistente com os direitos iguais de todos à livre expressão, à liberdade de consciência, ao direito ao voto etc. No entanto, o argumento de Nozick implica que a distinção entre "direitos civis" e "direitos econômicos" é arbitrária. Uma ramificação do argumento "Wilt Chamberlain" é que aquilo que as pessoas escolhem fazer com seus ativos é uma extensão de seus valores e escolhas pessoais, ou seja, interferir nessas transações não é essencialmente diferente de restringir, por exemplo, o discurso ou outras formas de expressão. Apropriar-se dos ativos de uma pessoa viola seus direitos exatamente da mesma forma que censurar o discurso ou proibir o culto: interfere com a capacidade do indivíduo de moldar sua própria vida e buscar significado. A abordagem do "contrato social" de Rawls, embora não utilitarista, em última instância não preserva a autonomia de cada indivíduo de forma tão robusta quanto a abordagem deontológica de Nozick. É por isso que o segundo princípio de Rawls permite interferir nos direitos das pessoas.

Rawls justifica essa distinção dizendo que as pessoas não merecem seus ativos naturais (inteligência, força, ou, especialmente em uma sociedade de status social desigual para distintos grupos, raça e gênero). Como as posses de um indivíduo podem ser uma função desses ativos naturais, não é realmente uma violação de direitos quando a estrutura social interfere com o usufruto delas por alguém. Nozick rebate tal ponto ao argumentar que não é uma questão de alguém merecer suas posses, mas de se tem direito a elas, e a pessoa tem esse direito na medida em que tais posses tenham surgido de uma forma que não viola os direitos. Se Luís nasceu com mais força ou beleza que João, é óbvio que ele não *merece* tais ativos, mas o fato de ele ter mais força ou beleza não viola os direitos de João, logo Luís tem direito a eles. Portanto, o argumento dos ativos naturais imerecidos não mostra que se apropriar das posses das pessoas é consistente com o respeito aos seus direitos.

Por fim, Nozick é cético de que deliberações sob um "véu de ignorância" convençam todos a aceitarem os arranjos de desigualdade que supostamente são estabelecidos para operar em benefício dos mais desfavorecidos. Ele nos pede para imaginar o aparecimento de uma "torta social" (substituindo a metáfora dos ativos materiais na sociedade) que não pode ser reivindicada por ninguém, ou em relação à qual as reivindicações de todos sejam equivalentes, e cuja divisão deva ser fruto de consenso (p. 198). Nozick pensa ser provável que o resultado da deliberação seja, de fato, uma distribuição igual. Mas, prossegue ele, suponha que a torta não tivesse um tamanho estabelecido e "caso se chegasse à conclusão de que, procedendo-se a uma distribuição igual, a torta acabaria tendo um tamanho menor do que se isso não fosse feito" — aqui, ele sugere, "as pessoas poderiam concordar com uma distribuição desigual que aumentasse o tamanho da fatia menor" (p. 198). Por exemplo, se, sob um cenário de total fixo dividido igualmente, a parcela de todos fosse 10 unidades, mas, sob um cenário de total variável dividido desigualmente, alguns conseguissem até 20 unidades, e mesmo os mais desfavorecidos obtivessem 15, isso satisfaria o segundo princípio de Rawls, já que os desfavorecidos estariam melhores do que a alternativa. Mas, diz Nozick, isso só poderia levar os participantes a uma discussão sobre quem ganha qual pedaço. "Quem é que, podendo aumentar a torta, só o faria se recebesse uma fatia maior, mas não se, no esquema de distribuição equitativa, recebesse uma fatia igual à dos outros? Para conseguir uma contribuição que aumente o tamanho da torta, a quem se deve oferecer o incentivo? [...] Por que essa contribuição diferenciada identificável não leva a um critério diferenciado?" (p. 198). Em outras palavras, seria necessária alguma concepção de direito histórico, não apenas de padrões de resultado final. Segundo Nozick, a arbitrariedade que resultaria de fazer algo assim sem a adoção de quaisquer princípios históricos iria impedi-los de aceitar isso. "Parece, contudo, que os participantes da posição original de Rawls não poderiam, em primeiro lugar, pôr-se de acordo a respeito de nenhum princípio histórico. Pois, reunidas por trás de um véu de ignorância para decidir quem fica com o que, e desconhecendo qualquer direito específico que possam ter, as pessoas tratarão qualquer coisa que deva ser distribuída como maná caído do céu" (p. 199). Isso significa que poderiam nem mesmo serem capazes de concordar nos princípios que, de fato, beneficiariam os mais desfavorecidos.

A distribuição padronizada de Marx, assim como a de Rawls, contraria o argumento "Wilt Chamberlain" de Nozick, mas Nozick também investiga outros aspectos da teoria de Marx, especialmente a teoria da exploração. Marx argumenta que a sociedade capitalista é definida pelo conflito de classes entre os donos dos meios de produção e os proletários, uma tensão que cria a opressão dos últimos. A opressão é um produto da alienação e da exploração que resultam das formas capitalistas de comércio. Diz Nozick, "ao explicar o fenômeno da exploração, a teoria marxista refere-se ao fato de os trabalhadores não terem acesso aos meios de produção. Os trabalhadores têm de vender seu trabalho (sua força de trabalho) aos capitalistas, pois têm de usar os meios de produção para produzir; eles não podem produzir sozinhos" (p. 253). Como isso permite ao capitalista apropriar-se da mais valia do trabalho do proletário, diz-se então que o proletário é explorado. Nozick destaca que a premissa subjacente por trás dessa abordagem é a "teoria do valor do trabalho", na qual o valor de um bem é uma função do trabalho envolvido em sua produção. Uma de suas críticas, então, envolve contestar o argumento da exploração e a teoria de valor que sustenta a teoria marxista.

Como as críticas da teoria do valor do trabalho já tinham mais de cem anos quando *Anarquia, Estado e Utopia* foi publicado, Nozick contenta-se com uma simples alusão a elas: "Seria cansativo citar, um a um, os contraexemplos clássicos à teoria do valor do trabalho: objetos naturais encontrados (considerados mais valiosos que o trabalho necessário para consegui-los); bens raros (cartas de Napoleão) que não podem ser reproduzidos em quantidades ilimitadas; diferenças de valor entre objetos idênticos em diferentes lugares; diferenças produzidas pelo trabalho qualificado; mudanças provocadas pelas flutuações da oferta e da demanda; objetos antigos que precisam de muito tempo para serem produzidos (vinhos), e assim por diante" (p. 258). (Para esclarecer esse terceiro exemplo: uma garrafa de água parece ter mais valor quando alguém está com sede no deserto do que quando alguém está fazendo compras no supermercado, mas o trabalho envolvido para produzir ambas é o mesmo.) Mas Nozick faz uma pausa para analisar criticamente a distinção que Marx estabelece entre as horas de trabalho indiferenciadas envolvidas na produção de uma coisa e as horas de trabalho "socialmente necessárias". Alguém poderia gastar horas trabalhando em um bolo de argila, mas isso não o tornaria necessariamente valioso. Nozick cita Marx fazendo essa distinção: "nada pode ter valor se não for um objeto utilizável. Se algo é inútil, também é inútil o trabalho contido nele; o trabalho não é considerado trabalho e, portanto, não cria valor" (Marx, *O Capital*, p. 48, em Nozick, p. 259). Nozick pensa que essa distinção, embora tente evitar determinadas objeções, acaba enfraquecendo toda a teoria. A ideia de que o objeto deve ser aferido por algum avaliador afasta a essência do valor econômico do tempo objetivo da produção para o desejo subjetivo de várias pessoas. No final das contas, a quantidade de trabalho que conta como "socialmente necessário" envolve as condições de mercado.

Nozick observa que, mesmo sob um sistema de cooperativas controladas por trabalhadores, não se poderia evitar a importância da inovação e do empreendedorismo. Contudo, ninguém teria um incentivo para assumir riscos sem recompensas. "Se as decisões forem tomadas por meio do voto dos trabalhadores da fábrica, isso levará à falta de investimento em projetos cujo retorno é demorado, quando muitos dos atuais trabalhadores votantes não terão as mesmas vantagens advindas da distribuição existente..." (p. 251). Novamente, Nozick destaca que, a menos que "ações capitalistas entre adultos consentidos" sejam banidas, pessoas com liberdade para criar diferentes organizações econômicas poderão arriscar, investir e acumular. De modo geral, ele argumenta que isso não viola o direito de ninguém se beneficiar das escolhas voluntárias dos outros. Ele dá o exemplo de sua esposa tê-lo escolhido, rejeitando outros candidatos. De fato, nenhum deles, incluindo Nozick, tinha o "direito" de se casar com ela, mas qualquer candidato que ela escolhesse teria certamente o direito de estar nessa relação. Se não fosse assim, não seria possível dizer que ela tem direito ao seu próprio corpo, às suas próprias escolhas. A mulher não está explorando ninguém ao escolher o seu parceiro favorito, e Nozick não está explorando os candidatos rejeitados no momento em que aceita casar-se com ela. Ele conclui essa seção notando que o marxismo parece envolver mal-entendidos sobre economia e moralidade (p. 262).

Redistribuição e o crescimento do Estado

A DISCUSSÃO DOS ARGUMENTOS REDISTRIBUTIVOS PERmite que Nozick demonstre que, embora o Estado mínimo possa ser justificado, superando a objeção dos anarquistas individualistas, nenhum Estado mais amplo pode ser. No entanto, ele antecipa objeções de que o Estado mínimo seria "frágil e deixe a desejar" (p. 276). Nozick responde a isso com um experimento mental sobre o crescimento do Estado, o qual revela como a expansão sutil do poder governamental inevitavelmente leva à violação de direitos.

Nesse experimento mental, Nozick imagina pessoas em um Estado mínimo percebendo que podem trocar ou vender alguns de seus direitos — "levantar dinheiro vendendo ações de si mesmos" (p. 282). Em tese, é isto que as pessoas fazem diariamente no mundo real. Ao aceitar uma proposta de emprego, por exemplo, você renuncia — troca — seu direito de assistir a séries de televisão ao longo do dia em troca de um salário. No experimento mental, as pessoas vendem e trocam todos os tipos de direitos: "direito de decidir de quais pessoas elas poderiam adquirir determinados serviços (que elas chamam de direito de licenciamento ocupacional); direito de decidir de que países elas comprariam mercadorias (direito de controle de importações); direito de decidir se elas fariam ou não uso de LSD, de heroína, de tabaco... (direito ao uso de drogas)" e diversos outros exemplos (p. 283). Portanto, quem quer que tivesse o maior número de ações nos direitos das pessoas, teria autoridade sobre tal pessoa.

Nesse ponto, críticos incautos atacam o argumento de Nozick, considerando que essa teoria de direitos parece significar que as pessoas poderiam vender a si mesmas à escravidão. Esse não é o ponto e, claro, é conceitualmente incoerente supor que a escravidão seja compatível com a concepção de direitos de Nozick como restrições morais indiretas invioláveis. Em vez disso, seu argumento é uma alegoria sobre como o poder estatal se expande. Como, na alegoria, as pessoas venderam voluntariamente seus direitos, alguém deve tê-los comprado — ele imagina um tipo de companhias acionárias. Se as pessoas imaginassem seus direitos como ações, os direitos de uma pessoa seriam propriedade de muitos, da mesma forma que as ações de corporações do mundo real são amplamente dispersas. Como muitas assembleias de acionistas, decisões majoritárias seriam tomadas a respeito de cada pessoa. Como isso seria demasiadamente complicado, "decisões gerais são feitas para todos" (p. 285). Mas, uma vez que as decisões são gerais e majoritárias, é difícil garantir que os direitos não serão mais violados: alguns direitos não transferíveis serão tratados como se tivessem sido transferidos. "Uma vez que as decisões se aplicam igualmente a todos", elabora Nozick, "acredita-se que cada pessoa se beneficia dos esforços das outras para governar sabiamente todos, e que todos desempenham o mesmo papel nessa empreitada, tendo o mesmo direito de opinar" (p. 286). O que se perde no processo, conclui, são os direitos da minoria.

Nozick refere-se a esse sistema alegórico como "demoktesis", significando "propriedade do povo, pelo povo e para o povo" (p. 290), no qual a decisão majoritária dos acionistas se aplica a todos, já que, afinal, eles adquiriram ações dos direitos das pessoas porque elas os venderam. É irônico que os críticos de Nozick tratem essa situação como um *reductio ad absurdum* da teoria nozickiana de direitos, já que ela tem por objetivo fazer uma analogia com a governança democrática. Ao contar essa história, ele diz, "chegamos, finalmente, ao que se pode identificar como o Estado moderno. Chegamos, na verdade, ao Estado *democrático*" (p. 290). Essa demoktesis alegórica mostra que a ideia básica de decisão coletiva inevitavelmente viola direitos, e não ajuda observar que qualquer indivíduo "tem um voto", já que apenas a decisão da maioria tem valor. De fato, esse tipo de governança viola direitos.

Se a alegoria da demoktesis é muito sutil, Nozick em seguida menciona uma alegoria semelhante que aborda o mesmo ponto, e que talvez seja mais conhecida, a chamada "História do Escravo" (pp. 291-293). Essa história consiste em um conjunto de nove passos, em que ele propõe ao leitor imaginar primeiro um escravo "que vive totalmente à mercê dos caprichos de um senhor cruel" (p. 290). Em cada um dos passos subsequentes, as coisas parecem melhorar — por exemplo, agressões deixam de ser arbitrárias, mais tempo livre é permitido etc. Uma transição é de uma situação em que os escravos só precisam trabalhar três dias por semana para o senhor, com quatro dias para cuidar de seus interesses pessoais, para outra em que eles podem fazer o que quiserem todos os dias, desde que devolvam três sétimos de seus salários. Esse passo nos remete direto ao argumento anterior de Nozick sobre a analogia entre tributação e trabalho forçado. O processo passa para uma situação em que todos os outros escravos (exceto o leitor) têm direito ao voto sobre quanto trabalho ou dinheiro eles (e o leitor) devem pagar ao senhor. Na hipótese seguinte, o leitor pode votar apenas quando houver um empate e, na última, vota em conjunto com todos os outros. Neste caso, Nozick observa, "[se os outros estiverem] exatamente empatados, o seu voto decidirá a questão. Caso contrário, ele não mudará em nada o resultado da votação" (p. 292). Novamente, esse cenário retrata a sociedade democrática. Nela, podemos tentar persuadir os outros, mas, se falharmos, somos obrigados a obedecer a decisão majoritária. No passo final dessa alegoria ocorre o mesmo, e Nozick diz que "a questão é: em que etapa da transição entre 1 e 9, deixou de ser a história de um escravo?" (p. 292).

O objetivo da pergunta retórica parece ser que o escravo da alegoria permanece sem liberdade, mesmo na etapa final, embora saibamos que tem mais liberdade do que na primeira etapa. Mas, mesmo no último cenário, mesmo que ainda mais pessoas não achem que devam pagar ao senhor três sétimos de seus salários, ainda assim precisam fazê-lo, e não está claro como isso é diferente dos passos anteriores. O fato de a brutalidade que acompanha as violações de direitos ter diminuído não muda a circunstância de que seus direitos estão sendo violados. O passo 9, como a demoktesis, faz analogia com a sociedade democrática, e destaca a forma pela qual as sociedades democráticas não são garantias contra as violações de direitos. O erro que Nozick parece apontar é a ideia de que participar de um processo majoritário, de alguma forma, implica que os direitos de alguém são necessariamente protegidos. Porém, como as alegorias mostram, isso é simplesmente incorreto. As decisões da maioria podem violar direitos tão facilmente quanto a ação de um rei ou senhor de escravos. A participação democrática pode reduzir o escopo das violações, porém não as elimina e, de certa forma, é potencialmente pior: como a suposta justificativa para a violação de direitos é "a vontade do povo", ela passa a ter um verniz de autoridade moral maior do que se fosse apenas a vontade do rei ou senhor. Desta forma, reitera Nozick, nenhum Estado que não tem em sua base a proteção dos direitos individuais pode ser consistente com esses direitos. Então, demandas por um Estado mais robusto com funções além da proteção necessariamente envolvem considerar que os direitos de algumas pessoas são mais valiosos do que os de outras e, na teoria que Nozick propôs, "*não* há forma legítima de chegar à assimetria dos direitos" (p. 276).

Um arcabouço para a utopia

TENDO DEMONSTRADO QUE O ESTADO MÍNIMO – E *somente* ele — é justificado, Nozick também deseja mostrar que o Estado mínimo é moralmente inspirador, um bem positivo. Ele inicia essa discussão considerando o que "utopia" pode significar. Ele diz que é "impossível suplantar, simultânea e permanentemente, todos os bens sociais e políticos", mas que, mesmo assim, a ideia é digna de investigação (p. 297). Por que ela seria impossível? Porque todo mundo é diferente. "Entre todos que consigo imaginar, o mundo em que eu mais gostaria de morar não será exatamente aquele que você escolheria" (p. 298). No entanto, subjacente ao problema, o que a torna um problema em primeiro lugar é a ideia de que a sociedade consiste em várias pessoas que precisam encontrar alguma forma de viverem juntas. Então, a utopia teria que ser o melhor mundo possível em que todos pudessem viver. Os requisitos da convivência social precisam ser reconciliados com o pluralismo e a diversidade humana.

De modo geral, as associações voluntárias existem porque as pessoas se beneficiam delas. Para se tornar membro de uma academia, por exemplo, é preciso pagar uma mensalidade. Você poderia preferir que ela fosse baixa ou inexistente, mas é irreal esperar que alguém construa uma academia para dar de presente para você. Contudo, se o benefício dessa adesão for substancial, então você verá valor em pagar a mensalidade. Essa é uma característica comum de todas as associações voluntárias — pessoas se unem a elas para benefício mútuo. As "agências de proteção" que poderíamos criar para ajudar a proteger nossos direitos são um exemplo disso. Essa observação permite que Nozick desenvolva um modelo para refletir sobre como a utopia poderia se parecer.

Uma vez que as pessoas são tão variadas em seus gostos, valores e preferências, o que emerge como a sociedade mais ideal seria "uma sociedade em que experiências utópicas podem ser tentadas, diferentes estilos de vida podem ser seguidos e visões diferentes do bem podem ser adotadas individualmente ou em conjunto" (p. 307). Em outras palavras, um tipo de metautopia, dentro da qual muitas utopias são possíveis. Nozick argumenta que os humanos são suficientemente diferentes entre si, o que impossibilita a existência de uma única forma de associação do que é objetivamente melhor para todos. "Não há motivo para pensar que exista uma comunidade que seja ideal para todas as pessoas, e há muitas razões para pensar que isso não existe" (p. 310). Então, o Estado mínimo que ele defendia garante a proteção dos direitos de todos, mas também permite que todos participem em quaisquer associações voluntárias que escolherem, estabelecendo não uma utopia, mas uma metautopia, em que tipos diferentes de comunidades podem existir.

Para demonstrar a profunda diversidade e pluralismo que caracterizam a humanidade, Nozick apresenta uma lista de pessoas, incluindo Elizabeth Taylor, Bertrand Russell, Frank Sinatra, Sócrates, Ted Williams, Ralph Ellison, Buda, Thomas Edison, Pablo Picasso e mais trinta figuras históricas, complementando com "você, e seus pais" e, então, questiona: "Será que existe *um único* tipo de vida que seja melhor para todas as pessoas?" (p. 310). Também sugere que consideremos os ricos retratos das vidas humanas na literatura. Simplesmente não há uma base sólida para escolher um arranjo social e pressupor que seria ideal para todos. As pessoas possuem preferências distintas sobre arte, esportes, atividade intelectual, prazer sexual, vida familiar, comportamento de risco, trabalho, religião etc. Considere, por exemplo, as comunidades Amish evitando a eletricidade. Embora pessoas fora dessas comunidades costumam pensar que a eletricidade melhora as suas vidas, os Amish voluntariamente escolhem um tipo diferente de vida. Conquanto ninguém seja mantido como refém dentro dessas comunidades, não há motivos para proibi-los de viver assim. De modo geral, algumas pessoas preferem a vida urbana, outras, a vida rural. Nenhuma das duas é universalmente "melhor" para todos. Nozick diz que a própria ideia de que exista "uma sociedade que seja a melhor para todos viverem parece algo inacreditável para mim" (p. 311). Autores utópicos, diz ele, tendem a ter tanta certeza de sua própria visão que a consideram universalmente aplicável. Isso necessariamente ignora o fato da diversidade humana.

O que torna a solução de Nozick diferente, e presumivelmente não inacreditável, é que não supõe conhecer a "única forma melhor" para todos. "Dada a enorme complexidade do ser humano, seus inúmeros desejos, aspirações, impulsos, talentos, equívocos, amores, tolices; dada a *densidade* de seus níveis, facetas e relacionamentos entrelaçados e interrelacionados (compare-se a inconsistência da descrição que os cientistas sociais fazem do ser humano com a que fazem os romancistas) e, dada a complexidade de coordenar as ações de um grande número de pessoas, é extremamente improvável que, mesmo que existisse um modelo ideal de sociedade, pudesse ser designado por um plano" (p. 313). Daí um arcabouço para uma comunidade de comunidades. Muitos tipos de arranjos consensuais são possíveis, e é inútil buscar soluções de "tamanho único" em um mundo caracterizado por diversidade e pluralismo. Desta forma, uma estrutura que proteja os direitos de todos, a capacidade de todos se unirem a diferentes associações voluntárias, é a melhor utopia que se pode esperar. Como Nozick sugeriu em sua discussão sobre justiça, a tentativa de gerar um estado predeterminado de coisas é impraticável, mas aqui novamente o nosso foco está no processo, não nos resultados finais. Mesmo sem invocar o conceito de direitos, o arcabouço para a utopia reconhece o pluralismo da natureza humana. O pluralismo pode até ser uma justificativa separada, embora Nozick considere liberdade e pluralismo como tendo funções interrelacionadas. A proteção do Estado mínimo aos direitos garante que os contratos, de modo geral, assim como a adesão a várias comunidades possíveis, sejam atos voluntários. Isso significa que comunidades que acabam não sendo benéficas podem ser abandonadas, abrindo caminho para novas tentativas.

Nozick destaca que, mesmo que houvesse uma comunidade que fosse a mais adequada para todos, "a melhor maneira de descobrir a natureza dela seria o arcabouço que expusemos anteriormente", pois é praticamente impossível que um projetista pudesse saber disso *a priori*, e que, em vez disso, teria que ser descoberto (p. 318). No entanto, ele complementa que o argumento em prol do arcabouço é fortalecido quando "descartamos o (falso) pressuposto de que existe *uma* espécie de sociedade que é melhor para todos", porque, então, podemos parar de "interpretar equivocadamente o problema" como uma busca por esse ideal universal e totalizante (p. 318). O arcabouço é "compatível com a realização de quase todas as visões utópicas particulares", (a qualificação "quase" elimina ideais baseados na força e dominação), de modo que pode ser visto como um tipo de base comum para diferentes visionários (p. 319).

Uma ramificação importante da ideia do Estado mínimo como um arcabouço para a(s) utopia(s) é que ela permite que as comunidades que individualmente superem o arcabouço oferecido façam isso de forma consensual. "Embora o arcabouço seja libertário e favoreça o laissez-faire, *as comunidades independentes que nele existem não precisam ser assim*, e talvez nenhuma delas faça essa opção... *Nesse* sistema de *laissez-faire*, poderiam faltar instituições 'capitalistas' que funcionassem de verdade; ou, então, elas poderiam estar presentes em algumas comunidades e não em outras, ou outro esquema qualquer" (pp. 320-321). Por exemplo, uma comunidade poderia ser organizada como propriedade privada; outra, como uma comuna ou kibutz. Uma poderia propor uma forma particular de culto como um elemento central na vida pública, enquanto outra seria ecumênica ou secular. O arcabouço permite qualquer tipo de associação voluntária, desde que ninguém seja coagido a se unir ou permanecer. "Qualquer pessoa pode fundar qualquer tipo de comunidade (compatível com o funcionamento do arcabouço) que desejar" (p. 324). Por isso, qualquer um pode sair de uma comunidade que considerar inadequada.

O arcabouço para utopia é, portanto, apenas o Estado mínimo. O Estado mínimo, reitera Nozick, "nos trata como indivíduos invioláveis, que os outros não podem usar de determinadas maneiras como meios, ferramentas, instrumentos ou recursos; ele nos trata como pessoas que possuem direitos individuais, com a dignidade que isso representa. Tratando-nos com consideração ao respeitar nossos direitos, ele nos permite, individualmente ou com quem decidirmos, decidir nossa vida e realizar nossos objetivos e a ideia que fazemos de nós mesmos, na medida de nossas capacidades, auxiliados pela cooperação voluntária de outros indivíduos que têm a mesma dignidade" (pp. 333-334). Essa necessidade não significa viver em um tipo particular de comunidade, mas apenas que as opções disponíveis são consensuais, respeitam direitos e reconhecem a grande diversidade e o pluralismo da natureza humana.

Sugestões de leitura

DE ROBERT NOZICK

ANARCHY, *State, and Utopia. Basic Books, 1974. Disponível em: <https://archive.org/stream/0001AnarchyStateAndUtopia/0001_anarchy_state_and_utopia_djvu.txt>.*

PHILOSOPHICAL *Explanations. Belknap Press, 1981. Disponível em: <https://archive.org/details/isbn_9780674664791>.*

THE *Examined Life: Philosophical Meditations. Simon and Schuster, 1989. Disponível em: <https://archive.org/details/examinedlife00robe>.*

THE *Nature of Rationality. Princeton University Press, 1993.*

SOCRATIC *Puzzles. Harvard University Press, 1997.*

INVARIANCES: *The Structure of the Objective World. Belknap Press, 2001.*

Leitura complementar

PAUL, Jeffrey. *Reading Nozick: Essays on Anarchy, State, and Utopia*. Oxford: Blackwell, 1981.

WOLFF, Jonathan. *Robert Nozick: Property, Justice, and the Minimal State*. Stanford: Stanford University Press, 1991.

SCHMIDTZ, David. *Robert Nozick*. Cambridge: Cambridge University Press, 2002.

FESER, Ed. *On Nozick*. Belmont, California: Wadsworth, 2003.

BADER, Ralf; MEADOWCROFT, John. *The Cambridge Companion to Nozick's Anarchy, State, and Utopia*. Cambridge: Cambridge University Press, 2011.

Veja também

ROTHBARD, Murray. *Power and Market*. Menlo Park, California: Institute for Humane Studies, 1970.

RAWLS, John. *A Theory of Justice*. Cambridge: Belknap Press, 1971.

NARVESON, Jan. *The Libertarian Idea*. Philadelphia: Temple University Press, 1988.

MACHAN, Tibor. *Individuals and Their Rights*. La Salle, IL: Open Court, 1989.

RASMUSSEN, Douglas; DEN UYL, Douglas. *Norms of Liberty: A Perfectionist Basis for Non-Perfectionist Politics*. Pennsylvania: Pennsylvania State University Press, 2005.

STRINGHAM, Ed. *Anarchy and the Law*. Oakland, California: Independent Institute, 2007.

SKOBLE, Aeon J. *Deleting the State: An Argument about Government*. Chicago, IL: Open Court, 2008.

FRIEDMAN, Mark. *Nozick's Libertarian Project: Na Elaboration and Defense*. London/NY: Continuum, 2011.

Sobre o autor

AEON J. SKOBLE É MEMBRO DO FRASER INSTITUTE E PRO-fessor de Filosofia na Bridgewater State University, em Massachusetts, nos Estados Unidos. Reconhecido por seus métodos inovadores no ensino de conceitos econômicos e da filosofia por trás de mercados e troca voluntária, o professor Skoble palestra e escreve para o Institute for Humane Studies, o Cato Institute e a Foundation for Economic Education. Ele é autor de *Deleting the State: An Argument about Government* (Open Court, 2008), editor de *Reading Rasmussen and Den Uyl: Critical Essays on Norms of Liberty* (Lexington Books, 2008), e coeditor de *Political Philosophy: Essential Selections* (Prentice Hall, 1999) e *Reality, Reason, and Rights* (Lexington Books, 2011). Além disso, é coeditor de *The Simpsons and Philosophy* e três outros livros sobre cinema e televisão. Skoble é graduado na University of Pennsylvania e seu mestrado e doutorado foram obtidos na Temple University.

Agradecimentos

O FRASER INSTITUTE GOSTARIA DE AGRADECER À LOTTE and John Hecht Memorial Foundation por seu apoio para as obras *Essential Hayek* (2015) e *Essential Adam Smith* (2018), que formaram a base da série Essential Scholars. Também gostaríamos de agradecer à John Templeton Foundation, junto com a Lotte and John Hecht Memorial Foundation, por seu apoio a esse volume específico, *The Essential Robert Nozick*.

Propósito, financiamento e independência

O FRASER INSTITUTE OFERECE UM SERVIÇO DE UTILIDADE pública. Nós relatamos informação objetiva sobre os efeitos econômicos e sociais das políticas públicas atuais, além de oferecermos pesquisas baseadas em evidências e instrução acerca das opções de políticas que podem melhorar a qualidade de vida.

O Fraser Institute é uma organização sem fins lucrativos. Nossas atividades são financiadas por doações de caridade, fundos livres, venda de ingressos, patrocínios de eventos, licenciamento de produtos para distribuição pública e venda de publicações.

Toda pesquisa é sujeita à revisão rigorosa por especialistas externos, e é conduzida e publicada separadamente pelo conselho de administração e seus doadores.

As opiniões expressas pelos autores são as suas próprias, e não refletem necessariamente aquelas do Fraser Institute, de seu conselho de administração, de seus doadores e apoiadores ou de seus funcionários. Esta publicação de nenhuma forma implica que o Fraser Institute, seus curadores e sua equipe apoiam ou se opõem à aprovação de qualquer lei; ou que apoiam ou se opõem a qualquer partido ou candidato político em particular.

Como uma parte saudável da discussão pública entre concidadãos que desejam melhorar a vida das pessoas por meio de melhores políticas públicas, o Instituto está aberto ao escrutínio científico de nossas pesquisas, incluindo verificação de base de dados, replicação de métodos analíticos e debate inteligente sobre os efeitos práticos de recomendações de políticas.

Sobre o Fraser Institute

NOSSA VISÃO É DE UM MUNDO LIVRE E PRÓSPERO, ONDE os indivíduos se beneficiem de mais opções, mercados competitivos e responsabilidade pessoal. Nossa missão é medir, estudar e comunicar o impacto dos mercados competitivos e das intervenções governamentais no bem-estar dos indivíduos.

Fundada em 1974, somos uma organização canadense independente de pesquisa e educação com unidades na América do Norte e parceiros internacionais em mais de 85 países. Nosso trabalho é financiado por contribuições dedutíveis de impostos de milhares de indivíduos, organizações e fundações. Para proteger sua independência, o Instituto não aceita bolsas de governos ou contratos de pesquisas.

Revisão por pares – validando a exatidão de nossa pesquisa

O FRASER INSTITUTE MANTÉM UM PROCESSO RIGOROSO de revisão por pares para todas as suas pesquisas. Novas pesquisas, grandes projetos de pesquisa, e pesquisas substancialmente modificadas conduzidas pelo Fraser Institute são revisadas por, no mínimo, um especialista interno e dois especialistas externos. Espera-se que os revisores tenham conhecimento reconhecido na área em questão. Sempre que possível, a revisão externa é um processo "duplo-cego".

Resenhas e artigos de conferências são revisados por especialistas internos. Atualizações com respeito a pesquisas anteriormente revistas ou a novas edições de pesquisas anteriormente revistas não são revisadas a menos que as atualizações incluam mudanças substantivas ou materiais na metodologia.

O processo de revisão é supervisionado pelos diretores dos departamentos de pesquisa do Fraser Institute, responsáveis por assegurar que toda pesquisa publicada pelo Instituto passará pela revisão de pares adequada. Se surgir uma disputa com respeito às recomendações durante o processo de revisão por pares, o Instituto tem um conselho editorial consultivo, um painel de especialistas do Canadá, Estados Unidos e Europa a quem pode recorrer para resolvê-la.

Conselho editorial consultivo

MEMBROS

Prof. Terry l. Anderson
Prof. Robert Barro
Prof. Jean-Pierre Centi
Prof. John Chant
Prof. Bev Dahlby
Prof. Erwin Diewert
Prof. Stephen Easton
Prof. J.c. Herbert Emery
Prof. Jack l. Granatstein

Prof. Herbert G. Grubel
Prof. James Gwartney
Prof. Ronald W. Jones
Dr. Jerry Jordan
Prof. Ross McKitrick
Prof. Michael Parkin
Prof. Friedrich Schneider
Prof. Lawrence B. Smith
Dr. Vito Tanzi

ANTIGOS MEMBROS

Prof. Armen Alchian*
Prof. Michael Bliss*
Prof. James M. Buchanan* †
Prof. Friedrich A. Hayek* †
Prof. H.G. Johnson*

Prof. F.G. Pennance*
Prof. George Stigler* †
Sir Alan Walters*
Prof. Edwin G. West*

* falecido; † Prêmio Nobel

ASSINE NOSSA NEWSLETTER E RECEBA
INFORMAÇÕES DE TODOS OS LANÇAMENTOS

WWW.FAROEDITORIAL.COM.BR